틈만나면 곁에두고 찾아보는 숨은 그림찾기

틈만 나면 곁에두고 찾아보는 숨은 그림 찾기

도서출판 **큰그림**

숨은그림찾기는 단순한 놀이처럼 보이지만, 실제로는 두뇌를 고루 자극하는 매우 효과적인 활동입니다. 그림 속에서 목표 대상을 찾기 위해 집중력이 요구되고, 작은 단서 하나도 놓치지 않으려는 과정은 산만해진 생각을 차분히 정리합니다. 또한 그림 전체를 살피며 대상의 차이와 특징을 구별하는 과정에서 관찰력을 키워 주고, 숨은 그림의 위치를 떠올리는 과정에서 기억력 역시 함께 자극됩니다.

무엇보다 숨은그림찾기의 큰 장점은 부담 없이 즐길 수 있다는 점입니다. 정답을 맞혀야 한다는 압박보다는, 그림 속을 천천히 여행하듯 탐색하는 즐거움이 큽니다. 이 과정에서 마음은 자연스럽게 현재에 머물게 되고, 복잡한 생각과 긴장은 서서히 풀어집니다. 그래서 숨은그림찾기는 두뇌 활동과 동시에 스트레스 완화에도 큰 도움을 주는 놀이입니다.

이 책은 먼저 출간된 「틈만나면 곁에두고 풀어보는 낱말퍼즐」과 함께 활용할 때 더욱 큰 효과를 발휘합니다. 낱말 퍼즐이 언어 능력과 사고력을 중심으로 두뇌를 자극한다면, 숨은그림찾기는 시각적인 인지와 집중을 중심으로 두뇌를 움직이게 합니다. 서로 다른 방식의 자극을 번갈아 경험함으로써 두뇌는 더욱 균형 있게 활동하게 되고, 지루함 없이 꾸준한 두뇌 운동이 가능해집니다. 낱말을 떠올리거나 그림을 관찰하고, 기억을 더듬는 이 작은 습관들이 모여 일상의 활력을 만들어 냅니다. 여가시간에 TV나 동영상 서비스에서 좀 떨어져 이 도서들을 활용해 보시면 어떨까요? 여러분의 두뇌가 더욱 건강해질 것입니다.

큰그림 편집부

• 차례 •

들어가는 글 ····· 4

숨은그림찾기 ····· 8

정답 ············ 78

숨은
그림찾기

돼지 3마리
닭 5마리
오리 8마리
병아리 15마리

DREAM 38416
FACTO

04
숨은그림찾기

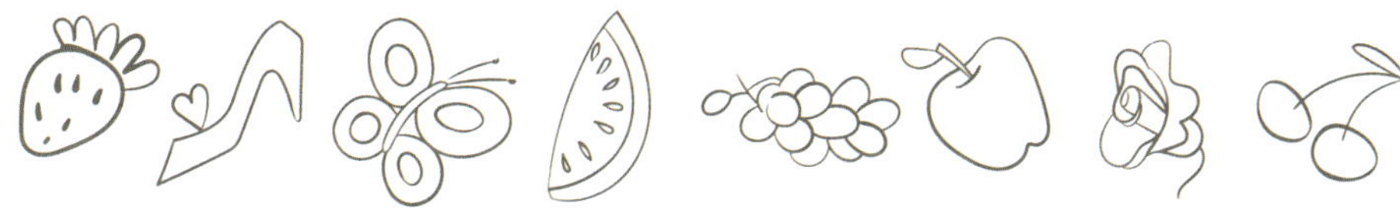

08 숨은 그림 8개를 찾아 주세요.

 정답은 **81**쪽에 있습니다.

10
숨은 그림 8개를 찾아 주세요.

숨은 그림 **8**개를 찾아 주세요.

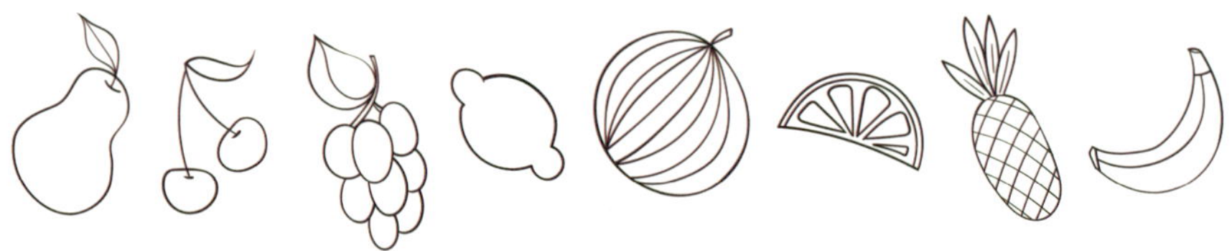

숨은 그림 10개를 찾아 주세요.

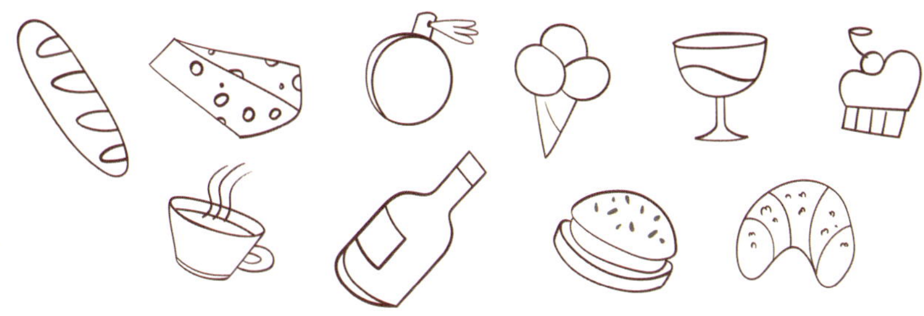

 정답은 83쪽에 있습니다.

숨은 그림 **10**개를 찾아 주세요.

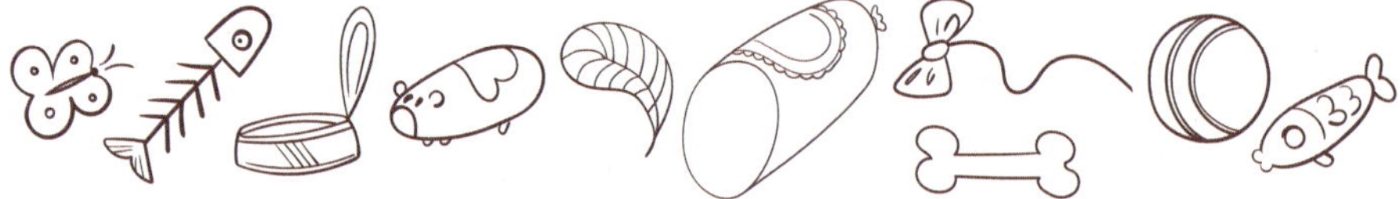

diet
menu
meow
MiLK

㉑ 숨은 그림 10개를 찾아 주세요.

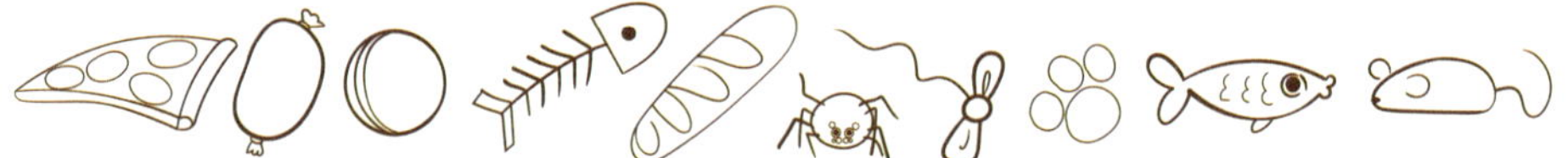

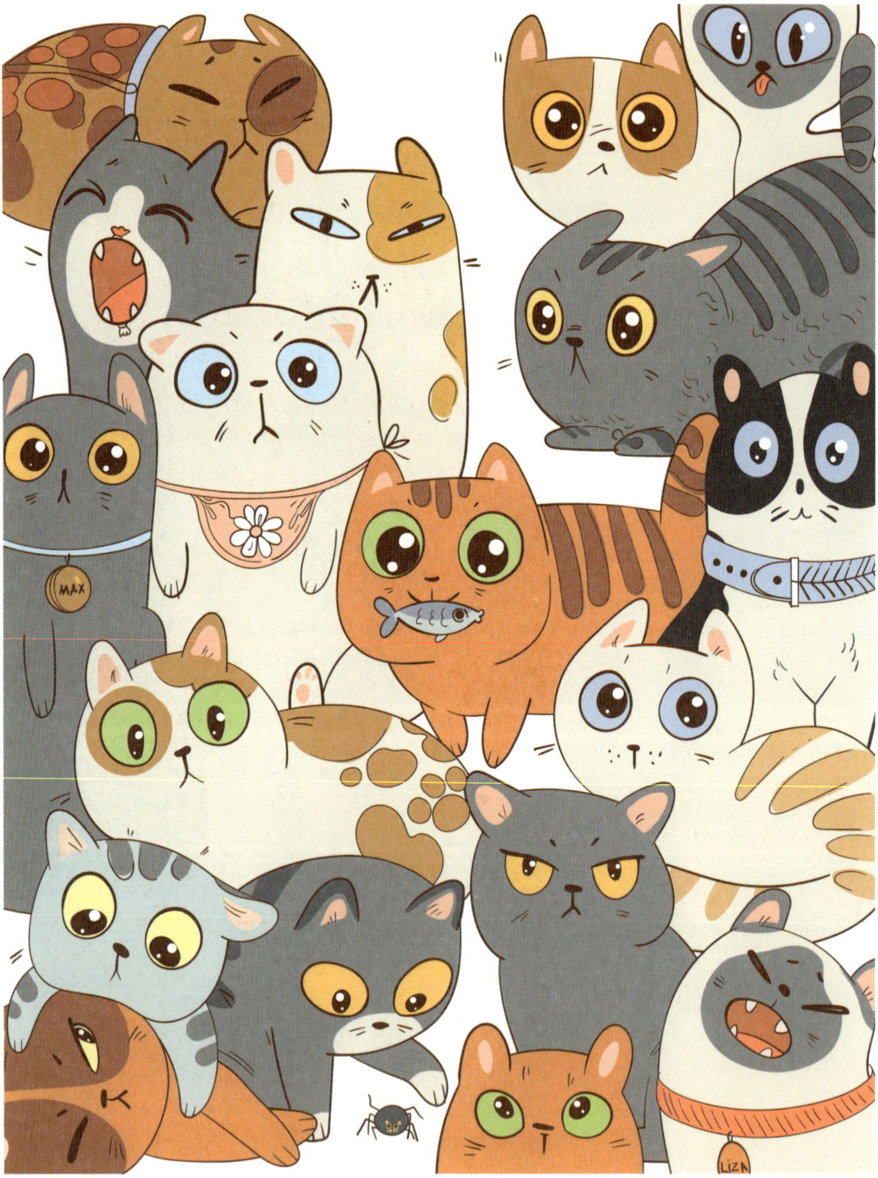

정답은 84쪽에 있습니다.

 정답은 84쪽에 있습니다.

정답은 **85**쪽에 있습니다.

숨은 그림 10개를 찾아 주세요.

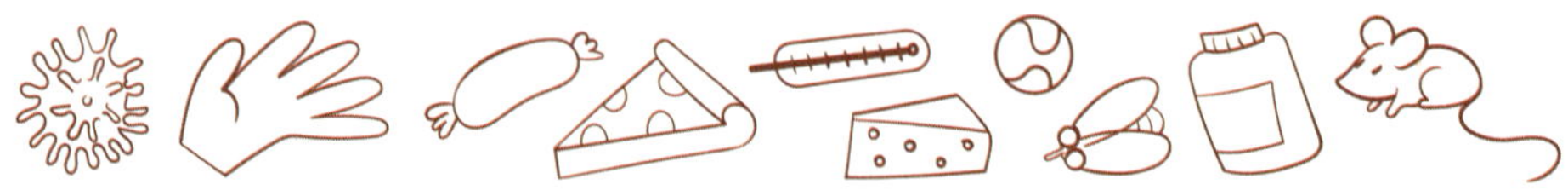

숨은 그림 **10**개를 찾아 주세요.

숨은 그림 **10**개를 찾아 주세요.

HAPPY
BIRDTHDAY

SALT
FLOUR

정답은 **87**쪽에 있습니다.

38
숨은 그림 10개를 찾아 주세요.

GO TRAVEL

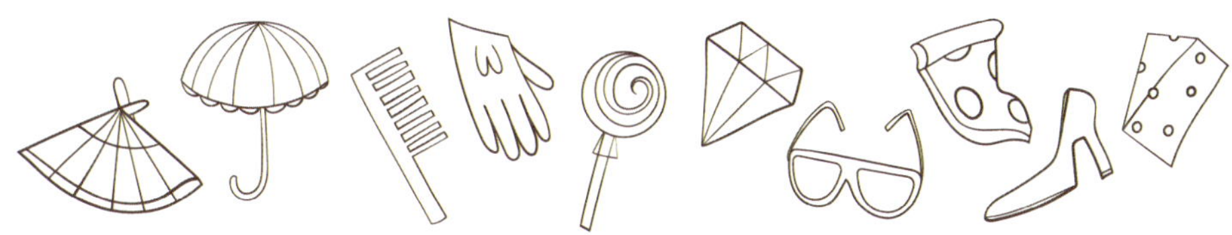

숨은 그림 **10**개를 찾아 주세요.

   정답은 90쪽에 있습니다.

48 숨은 그림 10개를 찾아 주세요.

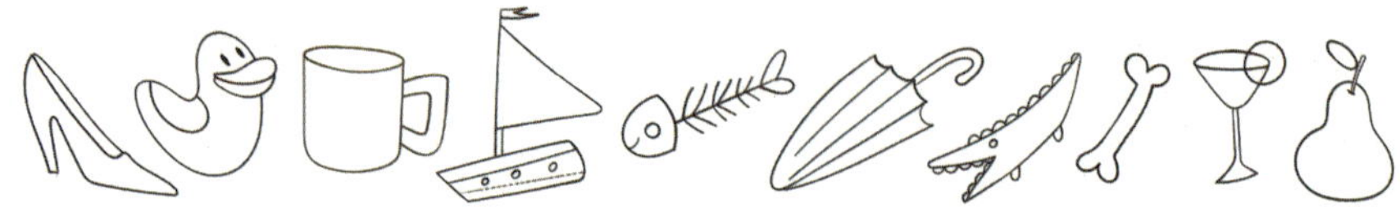

52 숨은 그림 10개를 찾아 주세요.

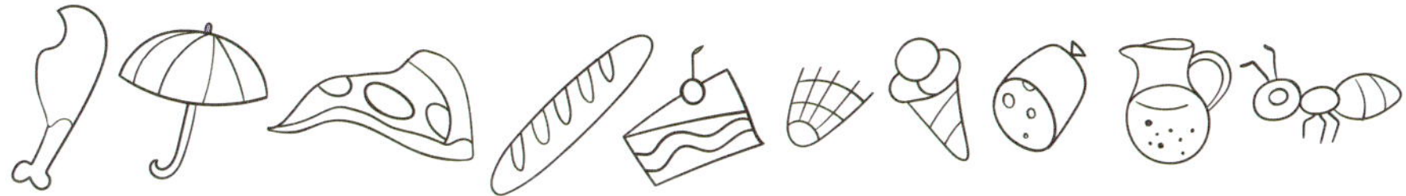

  정답은 **92**쪽에 있습니다.

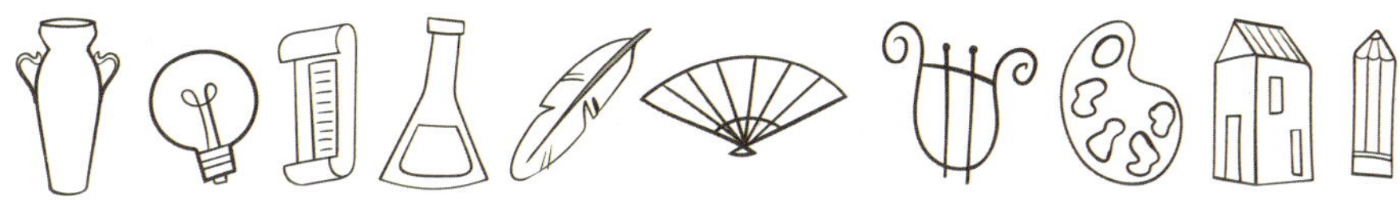

숨은 그림 **10**개를 찾아 주세요.

숨은 그림 **10**개를 찾아 주세요.

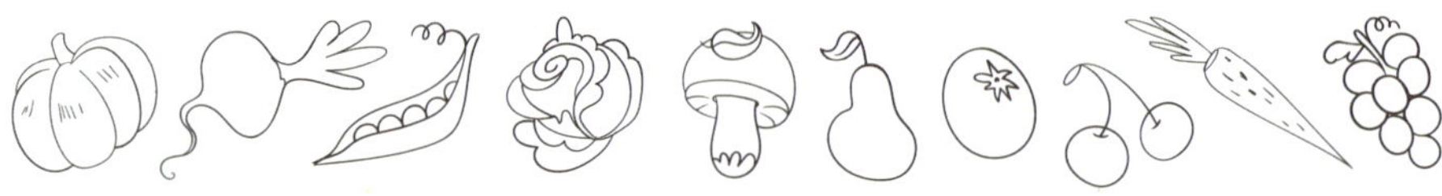

숨은 그림 **12**개를 찾아 주세요.

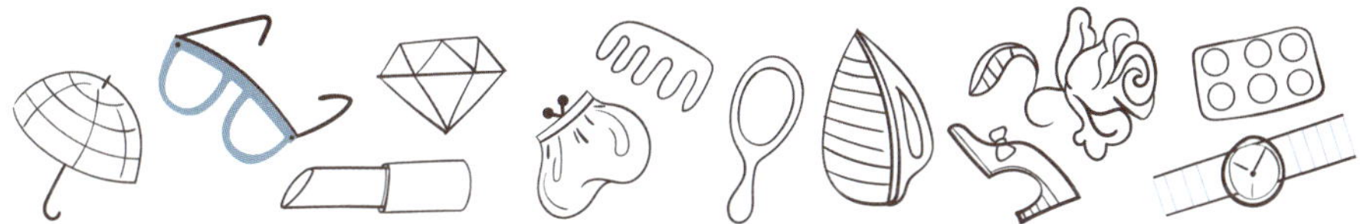

63 숨은 그림 15개를 찾아 주세요.

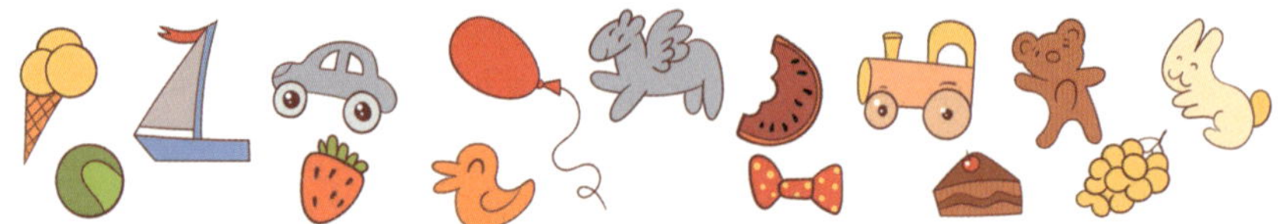

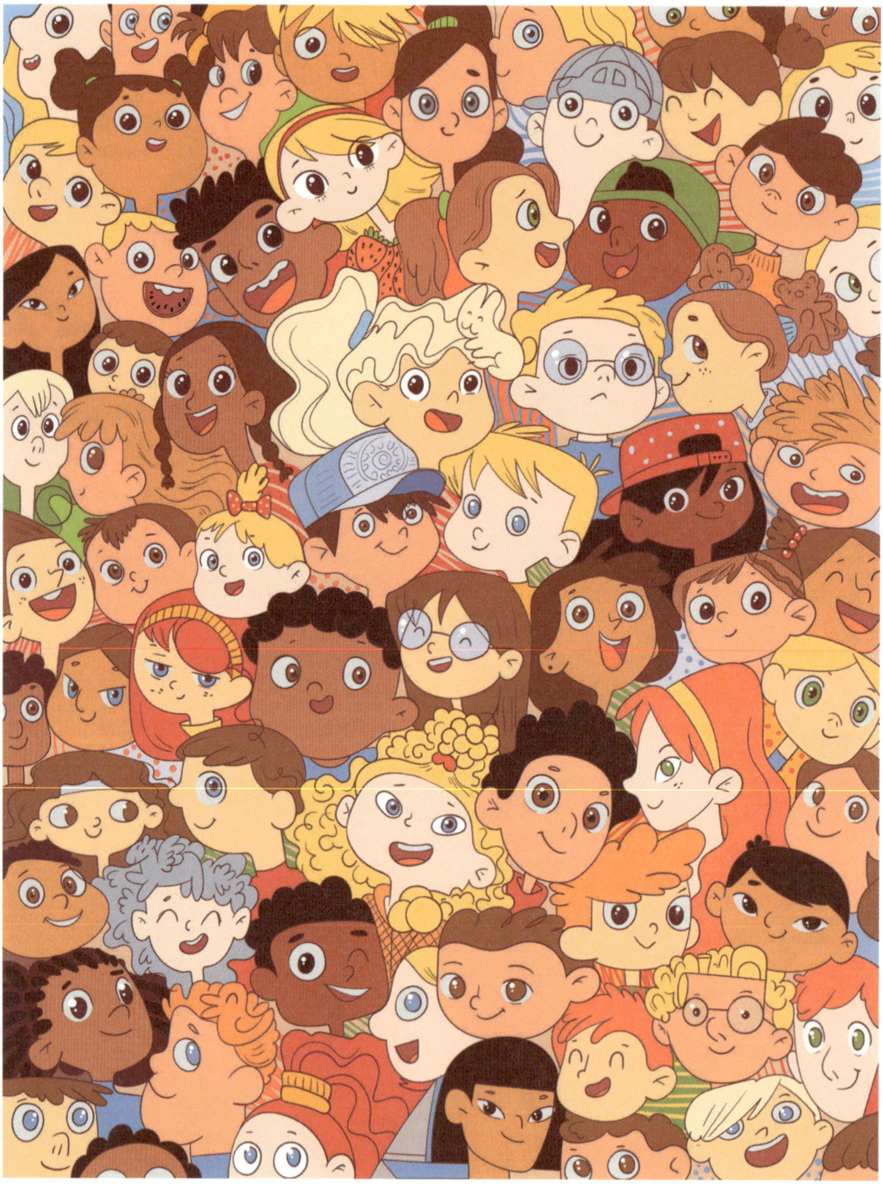

 정답은 94쪽에 있습니다.

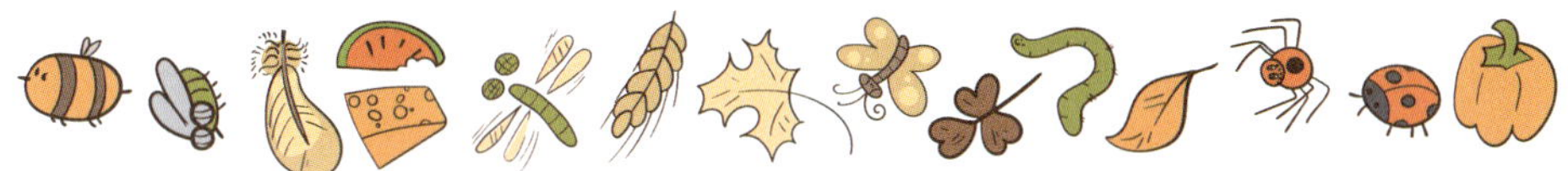

틈만나면
곁에두고
찾아보는

숨은
그림찾기

FACTORY
DREAM
38416

09
10
11
12

13
14
15
16
82

17
18
19
20
diet
menu
MILK
MEOW

29
30
31
32
HAPPY BIRDTHDAY

33
34
35
36

37
38
39
40

41
42

43
44

45
46
47
48

57
58
59
60
BIG SALE

틈만나면 곁에두고 찾아보는

숨은그림찾기

초판 발행 · 2026년 2월 10일

지은이 큰그림 편집부
펴낸이 이강실
펴낸곳 도서출판 큰그림
등 록 제2018-000090호
주 소 서울시 마포구 양화로 133 서교타워 1703호
전 화 02-849-5069
팩 스 02-6004-5970
이메일 big_picture_41@naver.com

기 획 이강실
교정교열 김선미
디 자 인 예다움
인쇄와 제본 미래피앤피

가 격 6,500원
ISBN 979-11-90976-38-1 (13690)